Gullivers Bücher
Taschenbücher für Kinder
Band 113

Erwin Moser

Die Geschichte von der Gehmaschine

Erwin Moser, geboren 1954 in Wien, aufgewachsen im Burgenland, absolvierte eine Schriftsetzerlehre, zog es jedoch schon bald vor, frei zu arbeiten. Er lebt in Wien oder im Burgenland. Im Programm Beltz & Gelberg veröffentlichte er zahlreiche Bilder- und Kinderbücher. *Großvaters Geschichten* oder *Das Bett mit den fliegenden Bäumen* und *Der Mond hinter den Scheunen* kamen auf die Auswahlliste zum Deutschen Jugendliteraturpreis. *Geschichten aus der Flasche im Meer* wurde in die Ehrenliste zum Österreichischen Staatspreis für Kinder- und Jugendliteratur aufgenommen. *Der Rabe im Schnee* wurde in Japan mit dem Owl-Prize ausgezeichnet.

Die Geschichte von der Gehmaschine erschien erstmals in Erwin Mosers Sammelband *Geschichten aus der Flasche im Meer*. Für die vorliegende Ausgabe malte Erwin Moser alle Bilder neu.

Gullivers Bücher (113)
© 1985, 1991 Beltz Verlag, Weinheim und Basel
Programm Beltz & Gelberg, Weinheim
Alle Rechte vorbehalten
Reihenlayout von Wolfgang Rudelius
Einband von Erwin Moser
Gesamtherstellung Druckhaus Beltz, 6944 Hemsbach
Printed in Germany
ISBN 3 407 78113 X
1 2 3 4 5   95 94 93 92 91

Emanuel Orthopädius war ein alter Mann mit einem weißen Bart. Er lebte in einem Haus auf einem Felskegel, ganz allein mit einem Papagei, der dreimal so alt war wie er.

Emanuel Orthopädius war noch sehr rüstig. Nur manchmal, wenn der Wind so kalt um den Felskegel pfiff, spürte Emanuel seinen Rheumatismus. Dann fiel ihm das Gehen schwer, und er mußte zu Hause bleiben und sich ins Bett legen. Eines Tages hatte er eine glänzende Idee.

Ich brauche eine Gehmaschine! dachte
Emanuel Orthopädius. Eine Maschine
mit zwei langen Beinen, einem
bequemen Sitz und einem robusten
Motor darunter! Emanuel konnte sich
die Gehmaschine genau vorstellen.
Er machte sich gleich ans Werk,
hämmerte, hobelte und sägte drei Tage
lang auf seinem Felskegel, dann war die
Gehmaschine fertig.

Der Motor war besonders genial gebaut. Er brauchte nämlich als Treibstoff bloß Wasser und den Saft von faulen Baumparadeisern*. Das war alles. Emanuel machte sofort einen Probespaziergang mit der Gehmaschine, und dabei stellte sich heraus, daß sie fabelhaft funktionierte.

Die Gehmaschine konnte nicht nur gehen, sondern auch laufen und sogar springen! Man brauchte nur die beiden Hebel vor dem Sitz zu bewegen, und je nachdem, wie schnell oder langsam man sie bediente, lief oder ging diese wunderbare Maschine.

* Paradeiser sind Tomaten.

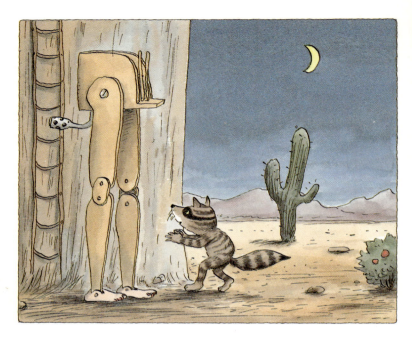

Doch lange konnte sich Emanuel Orthopädius an seiner Erfindung leider nicht erfreuen.
Eines Nachts wurde sie ihm von Pablo, dem Waschbär, gestohlen! Pablo war ein Dieb und Einbrecher. Als er die Gehmaschine am Felskegel stehen sah, erkannte er gleich, daß sie ein ideales Gerät für seine Diebestouren war.

Mit diesen langen Holzbeinchen laufe ich jeder Hundepolizei davon! dachte er und rieb sich die Pfoten. Außerdem brauche ich von jetzt ab keine Leiter mehr mitzuschleppen. Von diesem Maschinchen aus kann ich direkt in die höher gelegenen Fensterchen einsteigen und Schätze klauen!

Und Pablo wußte auch sogleich ein Haus, an dem er die Gehmaschine erproben konnte. Eigentlich war es kein richtiges Haus, sondern mehr ein Turm. Ein einbruchsicherer Turm, denn das Fenster befand sich hoch oben. Dieses Turmhaus gehörte Sigismund Grunz, dem Sumpfschwein.

Sigismund war ein sehr reiches Schwein. Man erzählte sich, daß in seinem Turm viele Kisten und Säcke mit Goldstücken und Edelsteinen lagerten. Sigismund war ein Schmuckliebhaber, wie die meisten Schweine.
Dorthin also lief Pablo-Waschbär auf der gestohlenen Gehmaschine.

Als er dem Turm ganz nahe war, schaltete Pablo die Gehmaschine auf Kriechgang und näherte sich leise, mit ganz kleinen Schritten dem Turmfenster. Alles war still. Nur Sigismund Grunz hörte man im Turmzimmer schnarchen.

Plötzlich, wenige Schritte vor dem Turmhaus, machte es laut: Schnapp! Das linke Bein der Gehmaschine war in ein Fangeisen geraten!
Pablo-Waschbär erschrak und riß unabsichtlich an einem Hebel. Die Gehmaschine machte einen Satz, verlor das Gleichgewicht und stürzte polternd zu Boden. Da tauchte auch schon Sigismund Grunz mit seiner Flinte im Turmfenster auf.
»Diebe! Räuber!« schrie er und schoß blindlings in die Finsternis.
Pablo nahm nun seine eigenen Beine in die Hand und rannte davon.
»Mistschwein, verfluchtes!« schimpfte er.

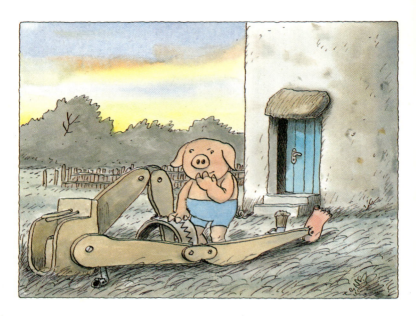

Am nächsten Morgen fand Sigismund Grunz in seinem Garten die gefangene Gehmaschine.

»Was ist denn das?« murmelte er und schüttelte verwundert den Kopf.

»Worauf die Einbrecher heutzutage schon kommen! Das Ding sieht wie eine Gehmaschine aus. Gut, daß ich das Fangeisen ausgelegt habe. Hm, die Maschine könnte ich ausprobieren; sie scheint noch zu funktionieren.«

Sigismund richtete die Gehmaschine auf und kletterte unter vielen Schwierigkeiten in den Sitz. Ja, er war etwas zu dick, der Sigismund, und saß daher äußerst unbequem. Aber gehen konnte er ausgezeichnet, ganz ohne was dazu zu tun, und das gefiel ihm.
Sigismund ging zum nächsten Dorf.

Unterwegs traf er Frantisek, den Fuchs. Frantisek hatte gerade einen Sack voll Glasperlen im Wettlügen gewonnen und war sehr hungrig. Viel lieber hätte er den zweiten Preis gehabt, eine gebratene Gans, aber den hatte der Vielfraß gewonnen. Als Frantisek das Sumpfschwein auf der Gehmaschine daherkommen sah, hatte er sogleich eine Idee. »Ich kaufe dir die Stelzenmaschine ab, Sigi!« sagte er. »Hier habe ich einen Sack voll Diamanten, den kriegst du dafür! Der Sessel ist dir ohnehin zu eng. Ein besseres Geschäft kannst du gar nicht machen!«

»Diamanten?« grunzte Sigismund voller Gier. »Gib her, gib her!«

So. Nun besaß Frantisek, der Fuchs, die Gehmaschine. Und was machte er damit? Auf der Stelle lief er zum Moorteich, wo sich die Wildgänse in rauhen Mengen aufhielten!
»Endlich kann ich ins Wasser, ohne naß zu werden«, freute sich der Fuchs. »Ha! Gänse in Hülle und Fülle werde ich fangen, die werden Augen machen! Auch die Hasen hole ich mit diesen langen Beinen mühelos ein!«
Frantisek schlich sich mit der Gehmaschine an. Auf dem Teich schwammen sieben ahnungslose Wildgänse.

Der Fuchs watete leise immer weiter in das Moor hinein. Doch mit einemmal blieb die Gehmaschine stehen. Sie war im Sumpf steckengeblieben! Soviel der Fuchs auch an den Hebeln rüttelte, die Gehmaschine bewegte sich keinen Schritt mehr weiter.

Die Wildgänse hatten den Fuchs längst schon bemerkt und waren weggeflogen. Frantisek mußte wohl oder übel von der Maschine steigen und an Land schwimmen. Schwer vergrämt ging er nach Hause, um sich in die Sonne zu legen, damit sein Pelz trocknete.

Die Gehmaschine stand bis über die Waden im Wasser, und so blieb sie den ganzen Herbst und Winter über stehen. Niemand kümmerte sich um sie. Nur die Krähen hockten sich manchmal auf den Sitz und rätselten hin und her, wofür dieses Ding wohl gut sei.

Der Winter verging und auch der Frühling, und dann kam der Sommer. Es wurde der heißeste Sommer seit tausend Jahren! Der Sumpf trocknete vollkommen aus, die Pflanzen und Bäume wurden alle dürr. Die Tiere mußten in andere Gegenden auswandern. Solche Auswanderer, die beiden Mäuse Flips und Munzius, fanden eines Tages die Gehmaschine, die nun auf dem Trockenen stand. »Ein Fußauto!« riefen sie. »Wie bestellt. Genau richtig für uns!« Und sie luden ihr Sack und Pack vom Handwagen auf die Gehmaschine und spazierten fröhlich pfeifend durch das ausgetrocknete Land.

Je weiter sie gingen, desto wüster wurde die Gegend, bis sie in der richtigen Wüste waren. Hier gab es nicht einmal mehr dürre Bäume. Nur Sand sahen sie, und dann und wann riesige Kakteen.
»Ohne das Fußauto wären wir jetzt verloren!« sagten die Mäuse zueinander und hofften, daß die Wüste bald zu Ende wäre.

Dann trafen sie, ziemlich am Ende der Wüste, einen Gepard, ein Känguruh, einen Strauß und einen Hasen.

Die vier wollten einen Wettlauf machen, um herauszufinden, wer von ihnen der schnellste war. Der Gepard hatte die Sache in Gang gesetzt, denn er war ein eingebildeter Kerl, der immer wieder beweisen mußte, daß er der schnellste war.

Der Strauß meinte, gute Chancen zu haben, diesmal den Gepard zu schlagen. Auch die anderen Tiere waren nicht gerade langsam, und so hatten sie sich an diesem Morgen zum Wettlauf eingefunden.

»Dürfen wir mitmachen?« riefen Flips und Munzius, die beiden Mäuse.

»Meinetwegen«, erwiderte der Gepard und musterte die Gehmaschine mit verächtlichen Blicken. Der Strauß, der Hase und das Känguruh hatten ebenfalls nichts dagegen. Auf das Signal »Achtung, fertig, los!« stürmten alle Teilnehmer los.

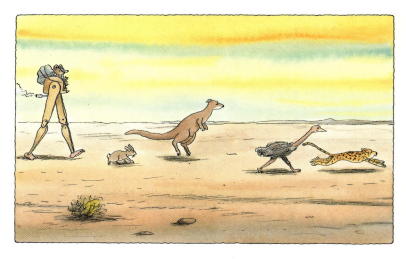

Das Ziel war ein hoher Kaktus am Rand der Wüste.
Der Gepard setzte sich sofort an die Spitze, dicht gefolgt vom Vogel Strauß. Dann, mit etwas Abstand, kam das Känguruh, nach ihm der Hase und ganz zuletzt die Mäuse auf der Gehmaschine.
»Ich finde den Schnellgang nicht!« rief Munzius verzweifelt.
»Laß mich probieren!« sagte Flips und drückte den rechten Hebel tief hinunter.

Ha! Die Gehmaschine heulte auf und sauste mit solchen Riesensätzen davon, daß den beiden Mäusen Hören und Sehen vergehen wollte. Im Nu hatten die Mäuse alle Tiere überholt – auch den Gepard –, und beinahe hätten sie den Zielkaktus niedergerannt.

»Gewonnen!« schrien die Mäuse. »Wir haben gewonnen!«
Nach einer guten Weile kamen die anderen Läufer beim Kaktus an. Der Strauß lief vor dem Gepard ins Ziel. Endlich hatte er ihn besiegt! Der Gepard war so verdattert gewesen, als ihn die Gehmaschine überholte, daß er fast das Laufen vergessen hatte. Jetzt schrie er: »Der Wettlauf gilt nicht! Ich laufe doch nicht mit einer dämlichen Maschine um die Wette, das ist doch lächerlich!«

Die anderen Tiere freuten sich heimlich, daß der Gepard so wütend war, und anerkannten die beiden Mäuse als Sieger. Der Gepard konnte brüllen, wie er wollte, niemand wollte den Wettlauf wiederholen.
Flips und Munzius übernachteten bei einem großen Stein.

Als sie fest schliefen, kam der Gepard angeschlichen und entführte die Gehmaschine. Er wollte sich rächen. Der Gepard brachte die Gehmaschine weit weg an einen steilen Felsabhang und stieß sie hinunter. Zufrieden hörte er ihren krachenden Aufprall. Dann schlich er davon.

Die Gehmaschine hatte sich von dem Sturz ein Bein gebrochen, doch sonst war sie heil geblieben.
Die beiden Mäuse suchten sie am Morgen und waren ganz traurig, als sie sie nirgendwo fanden. Zum Glück waren die fruchtbaren Gegenden nicht mehr weit, so daß sie auch ohne Gehmaschine nicht in Schwierigkeiten kamen. Traurig waren sie dennoch.

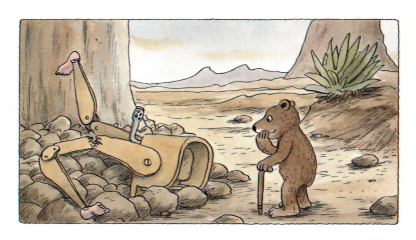

Die Gehmaschine, die fand zwei Wochen später ein alter, lahmer Bär. Er hinkte auf einem Bein und war unterwegs zu seinen Verwandten in den Bergen, wo er seinen Lebensabend verbringen wollte. Er kam nur mühsam vorwärts, und als er die Gehmaschine entdeckte, kam sie ihm wie ein Himmelsgeschenk vor.

Der Bär schiente das gebrochene Bein der Gehmaschine mit einem Ast und setzte sich dann auf den Sitz. Er bewegte die Hebel – die Maschine funktionierte tadellos!

Glücklich wanderte der lahme Bär mit der Gehmaschine in Richtung Gebirge.

Doch am zweiten Tag seiner Reise machte die Gehmaschine plötzlich: »Sputt, sputt, sputz, plotz!« und blieb wie angewurzelt stehen.
Der Saft war ihr ausgegangen. Hatte einfach keinen Treibstoff mehr, was ja auch kein Wunder war.
Oh, was für ein Glück und Zufall, daß Emanuel Orthopädius gerade in dieser Gegend wohnte!
Emanuel hatte den Bären auf der Gehmaschine schon von weitem gesehen und kam nun daherspaziert.
»So was?« wunderte er sich. »Daß ich meine gute alte Gehmaschine noch einmal wiedersehe, hätte ich nicht gedacht!«
Der lahme Bär erzählte Emanuel, wie er die Gehmaschine gefunden hatte und daß sie nun kaputt wäre und daß er nicht wüßte, wie er jemals die Berge erreichen sollte.

Emanuel Orthopädius lachte. »Ich habe die Gehmaschine erfunden, alter Bär!« sagte er. »Sie ist mir vor langer Zeit gestohlen worden. Doch jetzt gehört sie dir. Ich schenke sie dir, denn du brauchst sie dringender als ich. Ich weiß auch, was der Maschine fehlt: Wasser und Baumparadeisersaft! Warte ein bißchen, ich komme gleich wieder!« Emanuel ging zu seinem Haus und kam mit einem großen Kanister Treibstoff zurück. Den füllte er in die Gehmaschine, und der lahme Bär konnte seine Reise fortsetzen.

Er bedankte sich vieltausendmal und war bald darauf hinter den Hügeln verschwunden.

Emanuel Orthopädius war froh, daß seine Gehmaschine einen Besitzer gefunden hatte, der sie so gut brauchen konnte.
Sein Rheumatismus plagte ihn zwar immer noch von Zeit zu Zeit, doch Emanuel Orthopädius würde nicht Emanuel Orthopädius heißen, wenn er nicht inzwischen schon wieder eine umwerfende Erfindung gemacht hätte! Die neue Maschine hieß kurz und bündig »Flugschuh« und war mindestens ebenso gelungen wie die Gehmaschine.
Tja, wenn man Ideen hat, kann das Leben ganz schön vergnüglich sein.

GULLIVERS BÜCHER

Taschenbücher
für Kinder
bei Beltz & Gelberg

Aaron, Chester
- IM WETTLAUF MIT DER ZEIT
  Roman; ab 12   (102)

Bachér, Ingrid
- DAS WAR DOCH IMMER SO?
  Merkbuch für Mädchen & Jungen; ab 12   (16)

Bartholl, Silvia (Hrsg.)
- ALLES ZAUBEREI
  Geschichten & Tricks; ab 9   (91)
- NEUE KINDERGESCHICHTEN
  Geschichten; ab 12   (67)

Behncke, Waldrun
- GOTTFRIED, DAS FLIEGENDE SCHWEIN
  Erzählung; ab 7   (58)

Brandes, Sophie
- HAUPTSACHE, JEMAND HAT DICH LIEB
  Roman; ab 10   (12)

Bulla, Clyde R.
- WEISSER RABE
  Erzählung; ab 6   (64)

Chidolue, Dagmar
- LIEBER, LIEBER TONI
  Erzählung; ab 12   (17)

Dragt, Tonke
- DAS GEHEIMNIS DES SIEBTEN WEGES
  Abenteuer-Roman; ab 12   (63)
- DER BRIEF FÜR DEN KÖNIG
  Abenteuer-Roman; ab 11   (23)
- DER WILDE WALD
  Abenteuer-Roman; ab 11   (56)
- DIE TÜRME DES FEBRUAR
  Phantastischer Roman; ab 12   (81)

Gebert, Helga
- DAS GROSSE RÄTSELBUCH
  ab 8   (10)
- DER DRACHE DES NORDENS
  Ein Märchen; ab 6   (82)
- MEERMÄDCHEN UND WASSERMÄNNER
  Märchen; ab 8   (68)
- RIESEN & DRACHEN
  Märchen; ab 8   (48)
- ZWERGE
  Märchen; ab 8   (54)

Gelberg, Hans-Joachim (Hrsg.)
- AM MONTAG FÄNGT DIE WOCHE AN
  2. Jahrbuch der Kinderliteratur
  Kinder & Erwachsene   (95)
- GEH UND SPIEL MIT DEM RIESEN
  1. Jahrbuch der Kinderliteratur
  Kinder & Erwachsene   (85)
- MENSCHENGESCHICHTEN
  3. Jahrbuch der Kinderliteratur
  Kinder & Erwachsene   (100)
- ÜBERALL UND NEBEN DIR
  Gedichte; Kinder & Erwachsene   (50)

Gündisch, Karin
- GESCHICHTEN ÜBER ASTRID
  Erzählung; ab 7   (110)
- IM LAND DER SCHOKOLADE UND BANANEN
  Erzählung; ab 8   (77)

Guggenmos, Josef
- ZWEI MIT VIER BEINEN
  Rätselbuch; ab 8   (70)

Guggenmos, Josef/Karl, Günter
- ES GINGEN DREI KINDER DURCH DEN WALD
  Bilderbuch; ab 4   (62)

Grasso, Mario
- WAS BRODELT IM TOPF?
  Kochbuch; ab 10   (19)

Härtling, Peter
- ALTER JOHN
  Erzählung; ab 10   (35)
- BEN LIEBT ANNA
  Roman; ab 9   (1)
- JAKOB HINTER DER BLAUEN TÜR
  Roman; ab 10   (73)
- OMA
  Roman; ab 8   (101)
- SOFIE MACHT GESCHICHTEN
  Geschichten; ab 6   (28)
- THEO HAUT AB
  Roman; ab 8   (14)

Hautzig, Esther
- DIE ENDLOSE STEPPE
  Roman; ab 12   (97)

Hein, Christoph
- DAS WILDPFERD UNTERM KACHELOFEN
  Geschichten-Roman; ab 8 (92)

Hetmann, Frederik
- ALS DER GROSSE REGEN KAM
  Märchen & Geschichten; ab 12 (61)
- WEISSES PFERD, SCHWARZER BERG
  Kindergeschichten; ab 7 (3)
- WILDWEST-SHOW
  Geschichten; ab 10 (93)

Heuck, Sigrid
- DIE REISE NACH TANDILAN
  Abenteuer-Roman; ab 11 (51)

Klages, Simone
- ES WAR EINMAL EIN KLEINES MÄDCHEN
  Bildergeschichte; ab 5 (104)

Janosch
- A LETTER FOR TIGER
  Bilderbuch; ab 5 (76)
- DAS GEHEIMNIS DES HERRN JOSEF
  Geheimnisgeschichten; ab 8 (72)
- DIE GESCHICHTE VON ANTEK PISTOLE
  Räuber-Roman; ab 8 (80)
- DIE LÖWENREISE
  Geschichten; ab 7 (55)
- KOMM, WIR FINDEN EINEN SCHATZ
  Bilderbuch; ab 5 (11)
- LARI FARI MOGELZAHN
  Geschichten; ab 7 (107)
- OH, WIE SCHÖN IST PANAMA
  Bilderbuch; ab 5 (2)
- POST FÜR DEN TIGER
  Bilderbuch; ab 5 (31)
- THE TREASURE-HUNTING TRIP
  Bilderbuch; ab 5 (75)
- THE TRIP TO PANAMA
  Bilderbuch; ab 5 (74)
- TRAUMSTUNDE FÜR SIEBENSCHLÄFER
  Bilderbuch; ab 5 (49)

Kilian, Susanne
- KINDERKRAM
  Kinder-Gedanken-Buch; ab 10 (26)
- LENAKIND
  Mädchengeschichte; ab 11 (7)

Kordon, Klaus
- BRÜDER WIE FREUNDE
  Roman; ab 10 (46)
- DIE REISE ZUR WUNDERINSEL
  Roman; ab 8 (30)
- EINER WIE FRANK
  Roman; ab 10 (69)
- ICH BIN EIN GESCHICHTENERZÄHLER
  Geschichten; ab 10 (37)
- TAGE WIE JAHRE
  Roman; ab 10 (52)

Korinetz, Juri
- WOLODJAS BRÜDER
  Roman; ab 11 (106)

Krausnick, Michail
- BERUF: RÄUBER
  Historische Reportage; ab 12 (89)

Künnemann, Horst/Straube, Eckart
- SIEBEN KOMMEN DURCH DIE HALBE WELT
  Roman; ab 10 (27)

van Leeuwen, Joke
- DIE GESCHICHTE VON BOBBEL,
  DIE IN EINEM WOHNRAD LEBTE
  UND REICH WERDEN WOLLTE
  Erzählung; ab 8 (105)

Maar, Paul
- DANN WIRD ES WOHL DAS NASHORN SEIN
  Rätselhaftes ABC; ab 6 (33)

Manz, Hans
- ADAM HINTER DEM MOND
  Geschichten; ab 10 (98)

Matten-Gohdes, Dagmar
- GOETHE IST GUT
  Goethe-Lesebuch; ab 12 (44)

Moers, Walter
- DIE SCHIMAUSKI-METHODE
  Bildergeschichten; ab 10 (25)

Moser, Erwin
- DAS HAUS AUF DEM FLIEGENDEN FELSEN
  Bilder & Geschichten; ab 6 (20)
- DER EINSAME FROSCH
  Geschichten; ab 8 (90)
- DER MOND HINTER DEN SCHEUNEN
  Fabel; ab 8 (60)
- DIE GESCHICHTE VON DER GEHMASCHINE
  Bildergeschichte; ab 5 (112)
- DIE GESCHICHTE VON PHILIP SCHNAUZE
  Bilderbuch; ab 4 (13)
- EDI NUSSKNACKER UND
  LILI WEISSWIESCHNEE
  Bildergeschichte; ab 5 (38)
- EIN AUFREGENDER TAG IM LEBEN
  VON FRANZ FELDMAUS
  Bilderbuch; ab 5 (53)
- EIN KÄFER WIE ICH
  Roman; ab 10 (29)
- MANUEL & DIDI. DER FLIEGENDE HUT
  Bildergeschichten; ab 4 (78)
- MANUEL & DIDI. DER GROSSE PILZ
  Bildergeschichten; ab 4 (84)
- MANUEL & DIDI. DER SCHNEEMENSCH
  Bildergeschichten; ab 4 (99)
- MANUEL & DIDI. DIE BAUMHÜTTE
  Bildergeschichten; ab 4 (94)
- TIERISCHES VON A BIS Z
  Bilder & Verse; ab 5 (47)

Nöstlinger, Christine
- DIE KINDER AUS DEM KINDERKELLER
  Erzählung; ab 8 (96)
- JOKEL, JULA UND JERICHO
  Erzählung; ab 7 (45)
- LOLLIPOP
  Erzählung; ab 8 (8)
- ZWEI WOCHEN IM MAI
  Roman; ab 11 (32)

Pelz, Monika
- ALARM
  Zukunftsgeschichte; ab 8 (9)

Petri, Walther (Hrsg.)
- DAS TAGEBUCH DES DAWID RUBINOWICZ
  Jüdisches Tagebuch; ab 12 (34)

Pludra, Benno
- DAS HERZ DES PIRATEN
  Roman; ab 10 (86)

Pressler, Mirjam
- BITTERSCHOKOLADE
  Roman; ab 13 (4)
- KATHARINA UND SO WEITER
  Erzählung; ab 7 (59)
- NOVEMBERKATZEN
  Roman; ab 12 (79)
- NUN RED DOCH ENDLICH
  Roman; ab 12 (43)

Procházková, Iva
- DER SOMMER HAT ESELSOHREN
  Erzählung; ab 10 (57)

Röckener, Andreas
- RÖCKENER'S GECKO
  Blödel-Magazin; ab 8 (65)

Ruge, Simon & Desi
- DAS KÜHNE MÄDCHEN
  Geschichten; ab 8 (88)
- KATZE MIT HUT
  Roman; ab 8 (66)
- NEUES VON DER KATZE MIT HUT
  Roman; ab 8 (103)

Schnurre, Marina & Wolfdietrich
- DIE SACHE MIT DEN MEERSCHWEINCHEN
  Erzählung; ab 6 (36)

Stoye, Rüdiger
- HERR MICK, HERR MÖCK, HERR MOLL
  Bildergeschichte; ab 8 (18)

Taylor, Mildred D.
- DONNERGROLLEN, HÖR MEIN SCHREI'N
  Roman; ab 12 (71)
- LASST DEN KREIS GESCHLOSSEN
  Roman; ab 12 (111)

Tully, John
- DAS GLÄSERNE MESSER
  Abenteuer-Roman; ab 12 (22)

Wickert, Utta
- IM JAHR DER SCHLANGE
  Indonesische Geschichte; ab 13 (6)

Wittkamp, Frantz
- DU BIST DA, UND ICH BIN HIER
  Bilderbuch; ab 3 (108)
- ICH GLAUBE, DASS DU EIN VOGEL BIST
  Verse & Bilder; ab 10 (83)
- OBEN IN DER RUMPELKAMMER
  Bilderbuch; ab 3 (87)

Ziegler, Reinhold
- GROSS AM HIMMEL
  Roman; ab 12 (109)

Zitelmann, Arnulf
- DER TURMBAU ZU KULLAB
  Abenteuer-Roman; ab 12 (40)
- JENSEITS VON ARAN
  Abenteuer-Roman; ab 12 (42)
- KLEINER-WEG
  Abenteuer-Roman; ab 12 (39)
- NACH DEM GROSSEN GLITCH
  Abenteuer-Roman; ab 12 (24)
- UNTER GAUKLERN
  Abenteuer-Roman; ab 12 (21)
- ZWÖLF STEINE FÜR JUDÄA
  Abenteuer-Roman; ab 12 (41)

Beltz & Gelberg
Postfach 100154
6940 Weinheim

WAU! Was alles in mir steckt!

Lesehund
Märchen
Bildergeschichten
Fortsetzungsroman
Gedichtladen
Geschichten
Hundsthema
Erzählwettbewerb
Rätselhaftes
Bericht
Entdeckung

»Die wohl lustigste, sorgfältigste, anregendste Kinderzeitschrift auf dem deutschsprachigen Markt.«
Basler Zeitung

Der Bunte Hund
MAGAZIN FÜR KINDER IN DEN BESTEN JAHREN

Unterhaltung fürs ganze Jahr: Geschichten, Rätsel, Bilder und so weiter von bekannten Autoren und Autorinnen, Künstlerinnen und Künstlern.

3 × im Jahr
Mit Erzählwettbewerb für Kinder, 64 Seiten, vierfarbig, nur DM 9,80
(Jahresbezug nur DM 26,–)
In jeder Buchhandlung

Sonderheft

PETER HÄRTLING FÜR KINDER

Über Härtling und seine Bücher, über das Schreiben von Kinderbüchern. Bilder, Fotos. Blick in die Werkstatt, Interview mit dem Autor.

Erzählungen, Gedichte und vollständiger Abdruck des Romans »Das war der Hirbel« mit Materialien

Beltz & Gelberg, Postfach 100154, 6940 Weinheim